Erkennst du dich auch darin wieder?

- Du möchtest Stress abbauen?
- Du willst wissen, wie du einfach und schnell Kraft tanken und dich von unerwünschten Gefühlen befreien kannst?
- Du suchst nach Werkzeugen um schneller in Trance zu gehen?
- Du möchtest erfahren, wie du jeden Tag glücklicher und mit mehr Harmonie erleben kannst?
- Du suchst nach einer bewährten Lösung, wie man meditiert, in tiefe Trance kommt und auch in stressigen Situationen ruhig bleiben kann?

Dann solltest du dieses Buch wahrscheinlich nicht lesen. Es ist ein satirisches Praxishandbuch in Anlehnung an David Ploof, das dir mit einer simplen (aber dennoch höchst effektiven) Technik beibringt, wie du deine Gedanken ruhiger machen oder sogar ganz abschalten kannst. So gewinnst du Ruhe und Klarheit und kannst dich wieder auf die wirklich wichtigen Dinge fokussieren. Aber keine Sorge: im Buch enthalten ist ein 90€ Gutscheincode für einen kompletten (nicht satirischen) Audiokurs zum Thema.

Benedikt Ahlfeld ist (laut ORF) der "Experte für Selbstmanagement", mehrfacher Bestseller-Autor, staatlich geprüfter Unternehmensberater und hält Vorträge an Universitäten, für Regierungen und Top 100 Unternehmen in Deutschland, Österreich und der Schweiz. Benedikt berät Top-Manager, Unternehmer und Weltmeister im Spitzensportler. Der gebürtige Wiener ist seit über 15 Jahren im Bereich der Persönlichkeitsentwicklung tätig und leitet seit 10 Jahren die international tätige ZHI Consulting GmbH.

Weitere Informationen, auch zu E-Book-Ausgaben, finden Sie bei www.BenediktAhlfeld.com

Benedikt Ahlfeld

MEDITIEREN LERNEN
für Anfänger

Ein satirisches Praxishandbuch
(mit einem nicht satirischen Online Videokurs)

1. Auflage
Copyright © Benedikt Ahlfeld, Wien 2021
www.BenediktAhlfeld.com

ISBN: 978-3-753-42055-4

Bibliografische Information der Deutschen Nationalbibliothek: Die Deutsche Nationalbibliothek verzeichnet diese Publikation in der Deutschen Nationalbibliografie; detaillierte bibliografische Daten sind im Internet über http://dnb.d-nb.de abrufbar

Cover Gestaltung
Cover Foto © AboutImages - Envato.com

Bildnachweis
Sebastian Judtmann - www.BrandingEmotions.at
Fotograf des Autorenfotos

Atme ein.

Atme aus.

Atme ein.

Atme aus.

Atme ein.

Atme aus.

Atme ein.

Atme aus.

Atme ein.

Atme aus.

Atme ein.

Atme aus.

Atme ein.

Atme aus.

Atme ein.

Atme aus.

Atme ein.

Atme aus.

Atme ein.

Atme aus.

Atme ein.

Atme aus.

Atme ein.

Atme aus.

Atme ein.

Atme aus.

Atme ein.

Atme aus.

Atme ein.

Atme aus.

Atme ein.

Atme aus.

Atme ein.

Atme aus.

Atme ein.

Atme aus.

Atme ein.

Atme aus.

Atme ein.

Atme aus.

Atme ein.

Atme aus.

Atme ein.

Atme aus.

Atme ein.

Atme aus.

Atme ein.

Atme aus.

Atme ein.

Atme aus.

Atme ein.

Atme aus.

Atme ein.

Atme aus.

Atme ein.

Atme aus.

Atme ein.

Atme aus.

Atme ein.

Atme aus.

Atme ein.

Atme aus.

Atme ein.

Atme aus.

Atme ein.

Atme aus.

Atme ein.

Atme aus.

Atme ein.

Atme aus.

Atme ein.

Atme aus.

Atme ein.

Atme aus.

Atme ein.

Atme aus.

Atme ein.

Atme aus.

Atme ein.

Atme aus.

Atme ein.

Atme aus.

Atme ein.

Atme aus.

Atme ein.

Atme aus.

Atme ein.

Atme aus.

Atme ein.

Atme aus.

Atme ein.

Atme aus.

Atme ein.

Atme aus.

Atme ein.

Atme aus.

Atme ein.

Atme aus.

Atme ein.

Atme aus.

Atme ein.

Atme aus.

Atme ein.

Atme aus.

Atme ein.

Atme aus.

Atme ein.

Atme aus.

Atme ein.

Atme aus.

Atme ein.

Atme aus.

Atme ein.

Atme aus.

Atme ein.

Atme aus.

Atme ein.

Atme aus.

Atme ein.

Atme aus.

Atme ein.

Atme aus.

Atme ein.

Atme aus.

Atme ein.

Atme aus.

Atme ein.

Atme aus.

Atme ein.

Atme aus.

Atme ein.

Atme aus.

Atme ein.

Atme aus.

Atme ein.

Atme aus.

Atme ein.

Atme aus.

Atme ein.

Atme aus.

Atme ein.

Atme aus.

Atme ein.

Atme aus.

Atme ein.

Atme aus.

Atme ein.

Atme aus.

Atme ein.

Atme aus.

Atme ein.

Atme aus.

Atme ein.

Atme aus.

Atme ein.

Atme aus.

Atme ein.

Atme aus.

Atme ein.

Atme aus.

Atme ein.

Atme aus.

Atme ein.

Atme aus.

Atme ein.

Atme aus.

Atme ein.

Atme aus.

Atme ein.

Atme aus.

Atme ein.

Atme aus.

Atme ein.

Atme aus.

Atme ein.

Atme aus.

Atme ein.

Atme aus.

Atme ein.

Atme aus.

Atme ein.

Atme aus.

Atme ein.

Atme aus.

Atme ein.

Atme aus.

Atme ein.

Atme aus.

Atme ein.

Atme aus.

Atme ein.

Atme aus.

Atme ein.

Atme aus.

Atme ein.

Atme aus.

Atme ein.

Atme aus.

Atme ein.

Atme aus.

Atme ein.

Atme aus.

Wiederhole die vorherigen Schritte beliebig oft.

Gutschein

Für alle, die die bisherige (satirische) Übung als noch nicht hilfreich genug wahrgenommen haben

Die "Metamorphoses" ist eine geführte Meditationsreise für mehr Lebensqualität und persönliches Wachstum. Begib dich auf eine Reise in tiefe, meditative Entspannung und lern verborgene Teile deines Selbst besser kennen und schätzen. In 8 aufeinander aufbauenden Traumreisen führt dich Benedikt Ahlfeld in die Tiefen deines Selbst. Du erhältst zudem eine umfangreiche Anleitung, die dir genau erklärt, was bei den Reisen passiert und wie die Meditation abläuft. Bei jeder der 8 Reisen ist ein Begleitskript dabei, das weiterführende Informationen in das Thema bietet und dir die Reflexion deiner Erfahrungen vereinfacht.

Jetzt bestellen auf <u>www.ZHI.at/meditieren</u>

Als BesitzerIn dieses Buches erhältst du einen Gutschein im Wert von € 90. Nutze am Bestellformular einfach den Rabatt-Code: MEDITIEREN

Über den Autor

„Wenn jeder nur an sich denkt, dann ist auch an alle gedacht!" Nach diesem Motto wird in vielen Bereichen gelebt und gearbeitet. Benedikt Ahlfeld ist der Selbstmanager! Er zeigt, wie man beruflich und privat Verantwortung übernehmen kann. In seinem  Vortrag verrät er die Geheimnisse des Selbstmanagement und wie du mit mehr Eigeninitiative erfolgreicher werden kannst: fesselnd, interaktiv und unterhaltsam. Benedikt Ahlfeld ist mehrfacher Bestseller-Autor, staatlich geprüfter Unternehmensberater und hält Vorträge an Universitäten, für Regierungen und Top 100 Unternehmen in Deutschland, Österreich und der Schweiz. Er berät Top-Manager, Unternehmer und Olympia-Spitzensportler. Seit über 10 Jahren leitet er die international tätige ZHI Consulting GmbH. Entscheidest du dich für ein Leben nach eigenem Standard? Dich auf diesem Weg zu unterstützen, ist das Ziel von Benedikt. Er wird dich motivieren, dir Antrieb geben und vielleicht auch die eine oder andere Inspiration, die du mit jenen Menschen teilen kannst, die dir selbst am wichtigsten sind.

Mehr Inspiration auf: www.BenediktAhlfeld.com

Mein Angebot für dich

Du willst endlich richtig meditieren lernen und dabei auch neues über dich selbst erfahren? Ob es die großen Lebensthemen sind, die dich beschäftigen, oder die immer wiederkehrenden Situationen im Alltag bei denen du dich seit jeher fragst:

- „Warum passiert das immer mir?"
- „Was soll ich daraus lernen?"
- „Wie kann ich negative Situationen und Gefühle verändern, damit es mir besser geht und ich in Zukunft nicht mehr darunter leide?"

Du suchst neue Zugänge, gelassen und erfolgreich zu sein? Du willst Geld verdienen, damit nicht nur dein Beruf, sondern auch dein ganzes Leben eine neue Perspektive bekommt?

Die wirklich großen Dinge entstehen gemeinsam

Es braucht die Sichtweise eines anderen, eines etwas Außenstehenden, um das Dunkel urplötzlich hell und klar vor dir entstehen zu lassen. Du brauchst Verbündete. Menschen, die den Alltagstrott hinter sich gelassen haben und für nichts auf der Welt wieder zurückwollen, weil sie mit ihrer Ur-Motivation den Erfolg gefunden haben. Jeder von uns braucht das! Die heutige vernetzte Welt macht uns das erheblich leichter als noch vor ein paar Jahren. Somit können wir heute jederzeit und immer jemanden um Rat fragen und fast in Echtzeit die Antworten bekommen, die wir brauchen. Mit meinem Wissen werde ich dich dabei unterstützen, deine Ur-Motivation zu erkennen und zu leben. Und wenn du Interesse daran hast, zeige ich dir, wie du daraus ein eigenes Online Business machst, um mit weitgehend örtlicher und zeitlicher Unabhängigkeit Erfolg zu haben, Geld zu verdienen und selbstbestimmt zu leben … ein Leben nach eigenem Standard eben.

Egal, ob du mehr Zeit und Lebensqualität haben möchtest, um zu reisen, zu lernen, zu entdecken oder du einfach mehr Zeit für deine Familie und die anderen wichtigen Dinge im Leben haben möchtest, kann ich dich dabei unterstützen, deine Träume zu leben. Schritt für Schritt. Gemeinsam.

Was du von einem Training bei ZHI erwarten kannst

Nutze deine *volle* Kraft und lerne, wie du...

- Menschen inspirierst und führst
- dein Selbstmanagement verbesserst
- bessere Entscheidungen triffst
- schlechte Angewohnheiten ablegst
- erfolgreich und mit mehr Qualität lebst

Du profitierst am meisten von dem Training, wenn …

- du verstehst, dass du allein der wichtigste Faktor deiner Veränderung bist.
- du erkennst, dass du eine Mission brauchst, eine Ur-Motivation, die dich herausragend macht.
- dir klar ist, dass es nicht darum geht, nichts zu arbeiten.
- du erwartest, dass wir gemeinsam dein Bild was "Selbstständigkeit" betrifft, völlig über den Haufen werfen werden.

- du verstanden hast, dass du nicht allein bist.

Bist du bereit, Verantwortung zu übernehmen?

Das eine oder andere Mal hast du jetzt genickt und dich wiedererkannt? Viele Menschen werden dies lesen und dann das gefährlichste Wort der Welt benutzen: *später*.

Nur ein paar Prozent sind jene, die vom Denken, vom Jammern, vom Hoffen, vom Planen, vom Vornehmem ins Handeln kommen. Auch wenn sie nichts zu verlieren haben und der erste Schritt vielleicht nicht einmal ein Risiko in sich birgt, bleibt es beim Gedanken. Wenn du zu der Handvoll Menschen gehörst, die anders sind oder du zumindest den tiefen Wunsch hast, anders zu sein, dann mache den ersten Schritt und starte heute ein Leben nach eigenem Standard:

Melde Dich JETZT an: www.ZHI.at

Völlig **kostenloses Material** erhältst du zusätzlich, indem du dich für den **Coaching Brief** einträgst: **www.ZHI.at/coachingbrief**

Ebenfalls findest du über meine **Facebook-Fanseite** viele spannende Informationen zum Thema Leben nach eigenem Standard: **www.facebook.com/Benedikt.Ahlfeld**